Curso para Parejas
Guía del Líder

ISBN 978 0 31014 278 2 (softcover)
ISBN 978 0 31014 279 9 (ebook)

Publicado por Alpha International, HTB Brompton Road,
Londres SW7 1JA. Diseñado por Birch®, 4 Plantain Place, Crosby
Row, Londres SE1 1YN. internationalpublishing@alpha.org

Contenido

Bienvenidos

Hace muchos años un ministro del gobierno nos dijo, 'Sabemos que una sociedad sana está basada en familias sanas y que familias sanas están basadas en matrimonios sólidos. Es por eso que nos interesa el Curso para Parejas.'

Estamos muy contentos de que hayan decidido llevar a cabo el Curso para Parejas. Es una manera de invertir en los matrimonios en su comunidad y, a su vez, de invertir en su propio matrimonio. Esperamos que encuentren la experiencia tan agradable y linda como la nuestra.

Lo hemos impartido tres veces al año desde 1996, ¡y nos encanta!

Esta Guía para Líderes está diseñada como una guía de referencia para preparar e impartir su curso. Nos resulta útil tenerlo a mano cuando organizamos una sesión. Las listas de verificación y los horarios son particularmente útiles para mantenernos encaminados.

Háganos saber si tienen alguna pregunta y háganos saber cómo le va.

Nicky and Sila

Nicky & Sila Lee
Creadores del Curso para Novios / Prematrimonial

04

Introducción

El Curso para Parejas comenzó en Holy Trinity Brompton (conocido como HTB), Londres, en 1996. Desde entonces, se ha llevado a cabo en 127 países de todo el mundo, llegando a casi un millón de parejas.

El Curso para Parejas es una serie de sesiones fáciles de realizar diseñadas para ayudar a las parejas a invertir y fortalecer su relación. Algunas parejas vienen a invertir en una relación que ya es sólida, otras llegan a abordar desafíos específicos a los que se enfrentan. Si bien se basa en principios cristianos, el Curso para Parejas está diseñado para todas las parejas, ya sea que tengan antecedentes de fe o no, y damos la bienvenida a todas las parejas, ya sea que estén casadas o que vivan juntos.

En 2020, se hizo una nueva versión del Curso para Parejas, con siete episodios de video presentados por Nicky y Sila Lee, que contienen opiniones de expertos y se basan en las experiencias reales de parejas de todo el mundo. Los cursos se imparten en una variedad de lugares y contextos, desde iglesias y centros comunitarios hasta cafés y hogares.

Hay siete sesiones en total. Cada sesión comienza con algo para comer y beber – lo que ayuda a crear un ambiente acogedor y romántico, seguido de una charla y un tiempo para conversaciones privadas para cada pareja. Cada invitado recibe un Diario Personal, que proporciona orientación para cada conversación y es una parte esencial de la enseñanza del curso.

Para obtener más información, visita **run.usa.themarriagecourse.org** donde podrás ver videos de capacitación, acceder a nuestros recursos más recientes y registrar tu curso.

¿Cómo impartirlo?

El Curso para Parejas es fácil de impartir. Tenemos una serie de episodios filmados del contenido del curso, que están disponibles para descargar en nuestro sitio web cuando te registres en un curso.

Dirígete a **run.usa.themarriagecourse.org** para descargar los episodios y asegúrate de comprar suficientes Diarios Personales para los invitados para que las parejas tengan uno por persona (dos por pareja). También puedes descargar los diarios personales e imprimirlos para tus invitados.

Al usar episodios filmados de las charlas, tendrás tiempo para concentrarte en crear un ambiente cálido, acogedor, y relajado para tus invitados.

Hay indicaciones claras en el video cuando necesitas hacer una pausa que dé tiempo a las parejas para tener una conversación privada. Estas indicaciones coinciden con las instrucciones del Diario Personal para los invitados. También encontrarás los horarios de estas conversaciones para cada sesión en la sección "Descripción general y calendario de sesiones" de esta guía.

Todo lo que necesitas saber sobre cómo impartir el curso está a tu alcance en **run.usa.themarriagecourse.org**

Creando la experiencia

Crear un ambiente romántico, relajado e íntimo es una parte esencial del Curso para Parejas.

La bienvenida que reciben las parejas y el ambiente al llegar, dejarán una impresión duradera. Algunas parejas pueden sentirse intimidadas y preguntarse si se les pedirá que compartan detalles personales sobre su relación con otras personas. Crear el ambiente adecuado con la sensación de una cita nocturna íntima ayudará a tranquilizarlos de que las conversaciones que tendrán serán únicamente entre ellos dos.

Este tipo de ambiente ayuda a crear un espacio seguro en el que las parejas tienen más probabilidades de abrirse y tener conversaciones significativas que son clave para el curso.

El Lugar

Para un curso pequeño un lugar ideal puede ser un hogar, porque sería como recibir amigos. En este entorno, pueden optar por comer juntos antes de sentarse en pareja para la sesión.

Para un curso grande obviamente necesitarás más espacio. Podría ser una iglesia, un centro comunitario o incluso un restaurante o café local.

Donde sea que estés organizando tu curso, deberás poder proporcionar tres cosas: algo para comer y beber, una pantalla para ver la charla y espacio suficiente para que cada pareja pueda tener sus propias conversaciones privadas.

Decoración e iluminación

El curso debe proporcionar un espacio relajado donde los invitados se sientan como si estuvieran en una cita. Si hay espacio, mesas individuales para dos ayudarán a crear una sensación de intimidad y privacidad. Velas, música de fondo suave, iluminación tenue y flores en las mesas ayudan a crear el ambiente adecuado.

La comida es clave

Cada sesión comienza con algo para comer y beber. Esto ayuda a los invitados a relajarse y es una oportunidad para que cada pareja se vuelva a concentrar el uno en el otro. Lo que elijas servir de comida variará según el lugar del mundo en el que te encuentres, el tamaño de tu curso y la hora del día en que lo organizas.

Al servir el postre, té y café mientras las parejas tienen su conversación más extensa ayuda a que los invitados se sienten atendidos durante toda la sesión.

De ser posible, es una buena idea servir el té, café y postre en sus mesas para no interrumpir el clima.

08

Distribución sugerida de la sala

- Organiza mesas para dos con suficiente espacio entre sí para garantizar que las conversaciones de cada pareja sean privadas
- Asegúrate de que todos puedan ver la pantalla
- Asignar un espacio separado para abrigos y bolsos

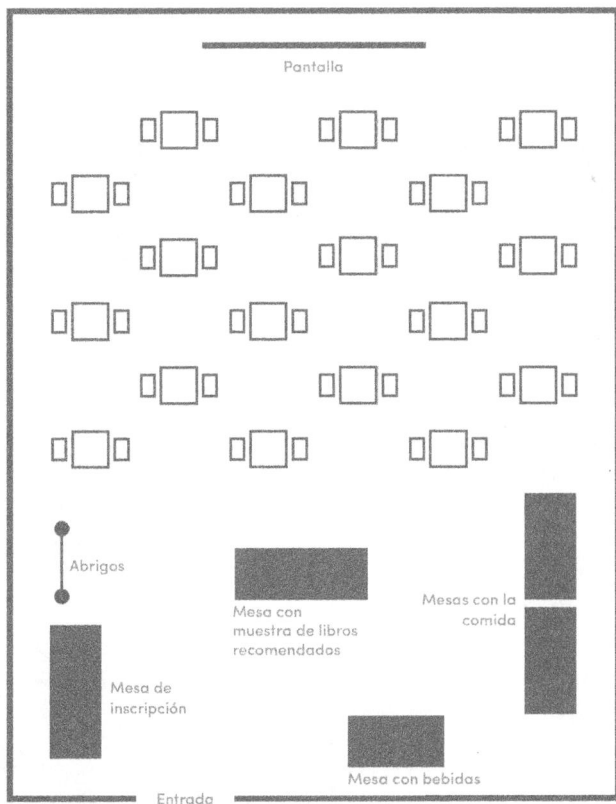

Pantalla

Abrigos

Mesa con muestra de libros recomendadas

Mesas con la comida

Mesa de inscripción

Mesa con bebidas

Entrada

Mesas con dos sillas

09

Construyendo tu equipo

El Curso para Parejas se lleva a cabo mejor en equipo. Es una gran oportunidad para que las personas de la iglesia se involucren, independientemente de la etapa de su vida o si están en pareja o no. Según el tamaño de tu curso, podrías llegar a necesitar algunos voluntarios para desempeñar algunas o todas las funciones siguientes.

Anfitriones del curso

Los anfitriones del curso generalmente abren y cierran la sesión y dan los anuncios. No necesitan preocuparse por dar las charlas, ya que les recomendamos que utilicen los episodios de video para impartir el curso. Estas charlas están disponibles en **run.usa.themarriagecourse.org** cuando registras tu curso.

Administrador

El administrador se encarga de los detalles de registro, de cobrar los pagos (si es que estás cobrando a los invitados para cubrir los costos del curso) y se asegura de que todos los recursos que se necesitan para cada sesión estén disponibles.

Decorador

Esta persona usará sus habilidades para transformar el lugar en una experiencia especial para los invitados, para que las parejas se sientan relajadas y puedan disfrutar de un tiempo juntos.

Equipo técnico

Cuando la parte técnica funciona bien, nadie se da cuenta de que hay un operador técnico, pero cuando no, ¡todos lo notan! El equipo técnico ejecuta los videos, reproduce la música de fondo y muestra las diapositivas.

Comida

Tal vez te puede ayudar alguien a quien le guste cocinar y esté dispuesto a ayudar con el curso. Si estás organizando un curso grande, podrías pensar en la opción de contratar a un proveedor externo para que te proporcione comida de buena calidad y a buen precio.

Recepción

Hacer que la gente se sienta bienvenida y relajada a su llegada es fundamental. Los que dan la bienvenida son las primeras personas que los invitados van a conocer, así que piensa en las personas más amables que conoces y pídeles que formen parte de este equipo.

Para un curso más grande, es útil tener anfitriones adicionales para ayudar a dar la bienvenida, servir bebidas y estar disponibles para dar apoyo o consejos a los invitados.

Consejeros

Nuestra experiencia es que alrededor del 10 por ciento de las parejas en cada curso solicitan apoyo adicional, algunas de las cuales necesitan ayuda continua de un profesional. Entonces deberías tener a mano los datos de contacto de terapeutas en distintas localidades a quienes puedas referir.

Equipo de montaje/desmontaje

Según el tamaño de tu curso, tal vez podrías identificar a algunas personas para ayudar a armar el lugar para cada sesión, y desarmarlo después.

Equipo de oración

La oración es un aspecto vital del Curso para Parejas. Podrías pedirle a una persona, o a un equipo de personas, que se comprometan a orar por todos los aspectos de tu curso, desde la logística hasta el equipo y los invitados.

11

Promocionando tu curso

La mayoría de las parejas asisten al Curso para Parejas por invitación personal. Contarle a los demás sobre su experiencia del curso ayuda a disipar el mito de que el Curso para Parejas es solo para parejas que no se llevan bien. La realidad es que es relevante para cualquier pareja que quiera invertir en su relación y fortalecerla.

Los siguientes **seis consejos** ayudarán a tu equipo, a los miembros de tu iglesia y a las parejas que ya tomaron el curso de contarle a otros sobre el mismo hasta invitarlos.

12

01
Comparte tu experiencia

¿Que te gustó y apreciaste acerca de la experiencia? ¿Qué diferencia hizo en tu relación?

02
Explica que el curso es para todas las parejas

Cualquiera que sea su situación, ya sea que estén casados o que vivan juntos, que vayan a la iglesia o no, que se lleven bien o que vivan peleando, el Curso para Parejas es apto para todos ellos.

03
Da una semblanza del curso

Explícales que es como una cita: hay comida y bebida y una noche libre en la cual no hay que lavar platos. Y tranquiliza a las parejas diciéndoles que no se les pedirá que hablen de su relación con nadie más que con su pareja.

04
Proporciona la fecha, hora y lugar

A medida que te acerques al final de un curso, es útil tener las invitaciones para el próximo curso impresas y listas para que los invitados las compartan personalmente con sus amigos.

05
Hacer correr la voz

Puedes acceder a una serie de materiales promocionales en línea cuando te registras en un curso. Los materiales incluyen historias de relaciones profundamente impactadas por el curso, así como folletos, carteles y pancartas. Visita **run.usa. themarriagecourse.org**

06
Registra tu curso

Cada vez que implementes el Curso para Parejas, registra los detalles en **run.usa. themarriagecourse. org** De esta manera los invitados potenciales en tu área podrán encontrar tu curso en nuestro mapa de búsqueda.

Errores comunes

Hemos identificado seis errores comunes y conceptos equivocados que la gente tiene sobre el Curso para Parejas. Queremos compartir lo que hemos aprendido a lo largo de los años para ayudarte a lograr el mejor curso posible.

'Tengo que tener un matrimonio perfecto para dar el curso'

¡No temas, no existe el matrimonio perfecto! Todo lo que se necesita es el deseo de ayudar a otros a invertir en su relación. Ciertamente no es necesario ser un experto en matrimonios; todo el contenido del curso está disponible para descargar en **run.usa.themarriagecourse.org**

'Necesito adaptar el curso a mi contexto'

La experiencia de miles de anfitriones en todo el mundo es que los cursos funcionan en muchas culturas y contextos muy diferentes. Nuestra sugerencia es que mantengan la estructura básica, el contenido y el horario del curso, ya que hemos descubierto que estos elementos en su conjunto dan a las parejas el espacio adecuado para procesar lo que están aprendiendo y ponerlo en práctica.

Es importante que resistan la tentación de agregar o quitar material al curso, de unir sesiones, y de extender o reducir los tiempos de conversación.

'Es un curso, por lo tanto necesitas un aula'

Cuando los invitados entren, no queremos que sientan que están asistiendo a una clase o a una conferencia, o incluso a un sermón; queremos que se sientan como si estuvieran en una cita. Una cálida bienvenida y un ambiente especial crean una sensación de seguridad y ayudan a las parejas a abrirse y tener conversaciones importantes, honestas e íntimas.

'Quizás también deberíamos hacer trabajo grupal...'

Es fácil pensar que sería útil para las parejas compartir en grupo sus experiencias de pareja y aprender de las experiencias de los demás. El hecho de que las conversaciones sean totalmente privadas y que no hay trabajo grupal anima a muchas parejas a asistir al curso, que de otra manera no lo considerarían.

'Es solo para parejas en nuestra iglesia'

El Curso para Parejas es para toda pareja, aunque no sean de tu iglesia. En realidad, es una excelente manera para que la iglesia tenga un impacto externo y satisfaga una necesidad importante en la sociedad. En efecto, el curso brinda esperanza y aliento, así como herramientas prácticas, para cualquier pareja sin importar su origen o que tengan o no fe cristiana.

'Lo dimos una vez y eso es suficiente'

Nuestra experiencia es que la mayoría de las parejas vienen porque se lo han recomendado, porque un amigo o amiga lo encontró útil. El beneficio de dar varios cursos (por ejemplo, dos o tres veces al año) es que genera sinergia y permite a los que han terminado, compartir lo que han aprendido e inviten a otros a tomar el curso. Adicionalmente, invitamos a todas las parejas que esten haciendo el Curso para Novios (Prematrimonial) a hacer el Curso para Parejas a los dos años de casados, porque para aquel entonces van a haber experimentado la relevancia de los temas que abordamos. A las parejas que ya han tomado el curso, en general, les interesa ayudar a otras parejas, lo que al mismo tiempo les ayuda a seguir fortaleciendo su propia relación.

Estructura de la sesión

Cada sesión de tu curso tendrá una duración aproximada de dos horas y media, incluida la comida. Puedes encontrar horarios específicos para cada sesión en las páginas 19–28. Estos horarios se puede ajustar la hora de inicio según lo que sea más adecuado para tus invitados en tu contexto.

....

La bienvenida

Algunos invitados sienten aprensión la primera noche; una cálida bienvenida siempre les ayudará a relajarse.

La comida (30 minutos)

Crear un lindo ambiente de cena te permite crear un ambiente de cita para las parejas y les da tiempo para volver a conectarse

Avisos y repaso (hasta 10 minutos)

Después de dar cualquier aviso, les damos a las parejas la oportunidad de repasar lo que se cubrió en las sesiones anteriores. Consulta las guías de sesiones individuales, que comienzan en la página 19, para más detalles.

Episodio y conversaciones (hasta una hora y 45 minutos)

Los episodios se intercalan con tiempos de conversación privada; estas son oportunidades para que las parejas se hablen sobre un área de su relación. Las pautas para estas conversaciones se encuentran en el Diario Personal del invitado y generalmente duran de cinco o diez minutos, con una conversación más larga de 30 minutos en cada sesión. Te recomendamos que pongas música de fondo para mantener la sensación de privacidad de cada pareja.

16

La conversación más larga de 30 minutos es un buen momento para que los anfitriones y otros voluntarios sirvan café o té y algún postre, como un pan de dulce o una rebanada de pastel.

La duración de todas las conversaciones está indicada en cada episodio filmado y también en las guías de sesión, a partir de la página 19.

Conclusión

Después de cada sesión en el Diario Personal del invitado hay una sección titulada "Continuando la conversación". Esto anima a los invitados a mirar sus calendarios y planificar una cita juntos la semana siguiente. Es bueno que tengan tiempo de planificar esto antes de volver a casa.

Al comienzo de la última sesión final, hay cuestionarios disponibles para que los invitados los completen, éstos brindan comentarios útiles para la próxima vez. Vas a ver los cuestionarios cuando registres tu curso en **run.usa.themarriagecourse. org**

17

Lista de Verificación

Para asegurarnos de que estás preparado y listo para cada sesión, hemos creado una lista de verificación de las cosas que vas a necesitar para llevar a cabo el curso y crear un gran ambiente.

....

- ☐ Esta Guía del Líder

- ☐ Descarga los episodios del Curso para Parejas en **run.usa. themarriagecourse.org** y registra los detalles de tu curso

- ☐ *Diarios* – Personales de invitados

- ☐ Pantalla de TV o proyector – para reproducir los episodios

- ☐ Música de fondo – para reproducir durante la comida, mientras las parejas hablan en privado y al final de cada sesión

- ☐ Catering- comida y bebida al inicio y durante la sesión

- ☐ Mesas y sillas

- ☐ Todos los detalles adicionales para hacer que el ambiente sea especial, iluminación adecuada, manteles, flores y jarrones, servilletas de mesa

- ☐ Una lista de invitados que se han registrado para el curso

- ☐ Bolígrafos- para que los invitados tomen notas en sus diarios

- ☐ Diarios Personales de repuesto para prestar en caso de que alguno de los invitados olvide traer el suyo a una sesión

- ☐ Micrófono – para grupos más grandes

- ☐ Mesa o soporte para libros – por si deseas mostrar algunos de los libros recomendados

- ☐ Cuestionarios del Final del curso, solamente para la última sesión.

19

Guía de la sesión

....

Sesión 1

Establecer Cimientos Sólidos

Sinopsis

Esta sesión ayuda a las parejas a establecer una conexión fuerte entre ellos al observar lo que se necesita para seguir alimentando su relación y al aumentar su comprensión de las necesidades y deseos emocionales del otro.

Horario

18:30   Esté preparado: los invitados suelen llegar temprano!

18:45   Bienvenida y bebidas

18:50   Comida

19:15   Bienvenida

- Quedense tranquilos- no se les pedirá que hablen de su relación con nadie más que con su pareja.
- Si se quedan atascados en algún momento del curso, háganoslo saber. Nosotros u otra pareja estaríamos muy felices de verlos en privado. También tenemos detalles de un consejero con quien podríamos ponerlos en contacto si es necesario.

....

19:25   Reproducir **Episodio 1 | Establecer Cimientos Sólidos**

19:31   Conversación 1: ¿Cómo se conocieron? (5 minutos)

19:50   Conversación 2: Superando los desafíos (5 minutos)

20:00   Conversación 3: Revisando su conexión (30 minutos)

20:40   Conversación 4: Momentos especiales que pasaron juntos (5 minutos)

20:52   Conversación 5: Conocerme, conocerte (10 minutos)

....

20

Sesión 2

El Arte de la Comunicación

Sinopsis

Esta sesión analiza la importancia de la comunicación dentro de la pareja, alternando el hablar y escuchar, la meta es la de ayudar a las parejas a identificar y superar las barreras que limiten la comunicación efectiva, en particular cualquier barrera para escuchar a su pareja.

Horario

18:45   Da la bienvenida a los invitados y ofréceles una bebida

18:50   Comida

19:15   Resumen de la sesión 1

- (Opcional) Recuérdales brevemente a los invitados la importancia de pasar tiempo de calidad juntos y de reconocer los deseos y las necesidades emocionales del otro
- Anímalos a completar la sección 'RECUERDA' del *Diario Personal*

....

19:25   Reproducir **Episode 2 | El Arte de la Comunicación**

19:39   Conversación 1: Un recuerdo significativo (10 minutos)

19:57   Conversación 2: Barreras para hablar (5 minutos)

20:07   Conversación 3: El poder de escuchar (5 minutos)

20:20   Conversación 4: Identificando malos hábitos (5 minutos)

20:37   Conversación 5: Escuchar eficazmente (30 minutos)

....

21:05   Fin de sesión

Sesión 3

Resolución de Conflictos

Sinopsis

En esta sesión, veremos cómo las parejas pueden crecer en intimidad expresando aprecio, reconociendo sus diferencias, aprendiendo a negociar los desacuerdos y apoyándose mutuamente (ya sea orando juntos u ofreciendo apoyo de otra manera).

Horario

18:45   Da la bienvenida a los invitados y ofréceles una bebida

18:50   Comida

19:15   Resumen

- (Opcional) Recuérdales brevemente a los invitados del poder de escuchar el uno al otro eficazmente y la importancia de descubrir como satisfacer las necesidades emocionales de su pareja
- Anímalos a completar la sección "RECUERDA" del *Diario Personal*

....

19:25   Reproducir **Episodio 3 | Resolución de Conflictos**

19:35   Conversación 1: Demostrando aprecio (5 minutos)

19:44   Conversación 2: Reconociendo nuestras diferencias (15 minutos)

20:17   Conversación 3: Utilizando los 5 pasos (30 minutos)

20:57   Conversación 4: Apoyándose mutuamente (5 minutos)

....

21:05   Fin de sesión

22

Sesión 4

El Poder
del Pérdon

Sinopsis

Esta sesión aborda las formas en que inevitablemente nos lastimamos unos a otros y que podemos hacer sobre esto. Observamos el proceso de sanidad hablando del dolor causado, pidiendo perdón y perdonando.

Horario

18:45 Da la bienvenida a los invitados y ofreceles una bebida

18:50 Comida

19:15 Resumen

  • (Opcional) Recuérdales brevemente a los invitados del valor de vernuestras diferencias como complementarias si logramos trabajar juntos como equipo. De ser posible, da un ejemplo de tu propia relación

  • Anímalos a completar la sección 'RECUERDA' del *Diario Personal*

....

19:25 Reproducir **Episodio 4 | El Poder del Pérdon**

19:35 Conversación 1: Rinocerontes y erizos (10 minutos)

19:44 Conversación 2: Manejando la ira (10 minutos)

20:17 Conversación 3: Identificando heridas sin sanar (30 minutos)

20:57 Conversation 4: Sanando juntos (5 minutos)

....

21:07 Fin de sesión

23

Sesión 5

El Impacto de la Familia

Sinopsis

Esta sesión se enfoca en ayudar a las parejas a reconocer cómo su historia familiar afecta la forma en que se relacionan entre sí. También consideran cómo ayudar a las parejas a construir una relación buena y saludable con sus padres, suegros y la familia en general y cómo pueden superar las heridas de la niñez.

Horario

18:45   Da la bienvenida a los invitados y ofreceles una bebida

18:50   Comida

19:15   Resumen

- (Opcional) Explica que la sección "RECUERDA" cubre todo el curso hasta ahora. Remarca que decirle a tu pareja: "Eres realmente bueno en ..." y "Necesito trabajar en ..." son opciones mucho más productivas ara tu relación que decir, "Tienes que cambiar tal cosa...".
- Anímalos a completar la Sección 'RECUERDA' en su *Diario Personal*

· ·

19:25   Reproducir **Episodio 5 | El Impacto de la Familia**

19:40   Conversación 1: Relaciones actuales (10 minutos)

19:57   Conversación 2: Apoyando a sus padres (10 minutos)

20:21   Conversación 3: Reflexiona sobre tu educación (30 minutos)

21:02   Conversación 4: Sanando juntos (5 minutos) (5 minutos)

· ·

20:08   Fin de sesión

**Sesión 6
Vida Sexual Sana**

Sinopsis

El sexo no es solo la cereza del pastel de un matrimonio; es un ingrediente vital del pastel en sí. En esta sesión se anima a las parejas a hablar sobre su relación sexual y a reconocer dónde podrían hacer cambios por el bien de su pareja y de toda su relación.

Horario

8:45   Da la bienvenida a los invitados y ofreceles una bebida

8:50   Comida

9:15   Resumen

- (Opcional) Recuerda a los invitados sobre la necesidad de establecer límites apropiados con sus padres, suegros y otros miembros de la familia para que tomen sus propias decisiones y se apoyen mutuamente, mientras buscan a la vez construir las mejores relaciones posibles con los miembros de la familia

- Anímalos a completar la Sección 'RECUERDA' en su *Diario Personal*

....

9:25   Reproducir **Episodio 6 | Vida Sexual Sana**

9:40   Conversación 1: Entendiendose mutuamente (10 minutos)

9:57   Conversación 2: Los momentos más románticos (10 minutos)

20.21   Conversación 3: Conversando sobre la vida sexual (30 minutos)

21:02   Conversación 4: Apoyandose mutuamente (5 minutos)

....

21:08   Fin de sesión

Recuerda tener listos tus cuestionarios de cierre del Curso para entregarlos a los invitados al final de la sesión final la próxima semana. Puedes encontrar los mismos en **run.usa. themarriagecourse.org**

Sesión 7
Amor en Acción

Sinopsis

Basándose en el trabajo del Dr. Gary Chapman, esta sesión analiza cinco maneras principales de expresar y recibir amor: a través de palabras, tiempo, tacto, regalos y acciones. Las parejas descubren qué expresión de amor es más importante para su pareja y cómo pueden ponerla en práctica.

Horario

- Cuestionario de cierre del curso, encuentra este cuestionario en **run.usa. themarriagecourse.org**
- Invitaciones a tu próximo Curso para Parejas

18:45   Da la bienvenida a los invitados y ofréceles una bebida

18:50   Comida

19:15   Resumen y anuncios
- Si tienes tu próximo curso planificado, ten invitaciones disponibles y anima a los invitados a decirle a sus amigos
- Anima a los invitados a completar la sección 'RECUERDA' en su Diario Personal, o invítalos a completar el cuestionario de fin de curso (explica que esto servirá como un resumen útil del curso entero para ellos, además de ser útil para mejorar la experiencia de los invitados en cursos futuros)

....

19:30   Reproducir **Episodio 7 | Amor en Acción**

19:50   Conversación 1: Regalos favoritos (10 minutos)

20:08   Conversación 2: Tiempo juntos (10 minutos)

20:25   Conversación 3: Descubriendo sus lenguajes del amor (30 minutos)

21:02   Conversación 4: Apoyándose mutuamente (5 minutos)

....

21:11   Fin de sesión   Pida a los invitados que pongan sus comentarios finales en su cuestionario del fin de curso y que lo entreguen antes de irse.

Para comprar los videos (DVD) y Guías de Estudio para el Curso de Matrimonios y el Curso de Pre-Matrimonios, visite: churchsource.com/collections/alpha-marriage

O accese charlas, videos de entrenamiento, vídeos introductorios y guías (descargables) para líderes en: alphausa.org/marriage

Si le interesa descubrir más sobre la fe cristiana y le gustaría comunicarse con su Alpha más cercano, visite alphausa.org

www.ingramcontent.com/pod-product-compliance
Lightning Source LLC
Chambersburg PA
CBHW061846040426
42447CB00012B/3166